조이 송수이 [제2시집]

愛別離苦
애별리고

※ 본 시집은 한국예술인복지재단의 2025년 일반 예술활동준비금
(구, 창작준비금)으로 인쇄제작 되었습니다.

기획·발행처 도서출판 한국인

출판·인쇄처 도서출판 釜山文學

차례

제1부 | 愛別離苦 애별리고

작가의 말 · 006
상명지통 · 009
슈만 그리고 그들 · 010
정경 · 011
용서에 대하여 · 012
집 · 013
사랑의 얼굴 · 014
청춘의 열쇠 · 015
다른 곳에 핀 꿈 · 016
걸음마 · 017
애별리고 · 018
천국 일상 · 019
빈 꽃병 · 020
봄 향 · 021
조우 · 022
길이 되어버린 꿈 · 023
같은 말들 · 024
반댓 말들 · 025
강구연월 · 026
평화 · 027
해후 · 028

제2부 | 끝없는 밤

얼김 · 030
수수께끼 · 031
그 다음 날 · 032
가재기 · 033
검은 노을 · 034
연시와 외할머니 · 035
노란 빛깔 오후 · 036
곡비 · 037
까치밥 · 038
말복 · 039
아름다운 세상 · 040
희망 · 041
선물상자 · 042
준천 · 043
환절기 · 044
가난한 가을 · 045
끝없는 밤 · 046
근심 · 047
더운 바람 · 048
시간 · 049
무덤 위의 토끼풀 · 050

제3부 | 여우별

다른 기억 · 052
알 수 없는 마음 · 053
어떤 오후 · 054
영웅 · 055
외로움 · 056
착각 · 057
독백 · 058
병원 중정에서 · 059
왕이 사는 집 · 060
세레나데 · 061
기억에 대한 선택 · 062
배앓이 · 063
이슬 · 064
송별 · 065
고향의 정의 · 066
진짜 · 067
겸손 · 068
관심 · 069
열정과 열매 · 070
당황 · 071
여우별 · 072

제4부 | 전하지 못한 축전

가을 철쭉 · 074
소담 풍경 · 075
노루잠 · 076
사랑의 진실 · 077
변명 · 078
노을 예찬 · 079
하얀 국화 · 080
깜부기불 · 081
시간 위로 · 082
전하지 못한 축전 · 083
분노의 묘약 · 084
한낮의 반딧불이 · 085
목새 미리내 · 086
어른 되기 · 087
청소하는 날 · 088
풍경화 · 089
밤 지우기 · 090
월성재 · 091
신기루 · 092
외로운 사랑 · 093
인내 · 094
삶 그림 · 095

작가의 말

 처음 등단했을 때와 첫 번째 시집을 위한 작업을 했을 때도 장맛비 내리는 본격적인 여름의 시작이었는데 공교롭게도 두 번째 시집을 위하여 무릎을 꿇은 지금, '폭우 주의', '강풍 주의' 안전 안내 문자가 수시로 떠오르는 장마철에 들어섰습니다. 그러자고 계획한 것은 아닌데 이렇게 되고 보니 '비, 바람, 그리고 나의 시詩'라는 제 나름대로 정한 주제의 배경으로 잘 어울린다는 생각도 듭니다.
 첫 시집 출간 후 아무리 봐도 마음에 들지 않아 계면쩍기만 했었으니 그것을 계기로 웬만하면 작은 사물들도 사랑의 눈으로 바라보려 노력했고 더욱 좋은 표현을 위해 공부와 습작을 쉬지 않고 하다가 어느덧 두 번째 시집 출간을 맞이하게 되었습니다.
 알면 알수록 아름답고 경이로운 '우리 말'을 더 깊이 만나고 경탄하며 만끽해 온 참으로 보람찬 발걸음이었고 앞으로도 멈추지 않고 계속하려 합니다.
 여전히 저의 바람은 제가 지어가는 시어들이 분노에는 고요히 가라앉히는 계기가 되길, 슬픔에는 함께 울어 주는 위로가 되길, 절망에는 다시 한번 용기를 낼 수 있는 작지만 확실한 응원이 되길, 삭막하고 메말라 버린 강퍅함에는 비눗방울 하나에도 꺄르륵 웃던 시절을 떠올리게 하는 단비가 되길, 그렇게 모든 독자들이 잠시나마 마음이 따뜻해지고 멈추어 쉴 수 있길 소망합니다.

부박한 글에도 늘 아낌없이 격려와 칭찬을 해 주시는 '부산문학' 김영찬 대표님께 진심으로 존경과 감사를 드립니다.

이번에도 뻔한 인사를 할 수밖에 없는 나의 사랑하는 가족들에게 마음 깊이 사무치는 사랑과 감사를 표합니다. 또한 앞서도 밝혔듯이 한결같이 제게 사랑과 응원을 해 주시는 여러분들이 너무도 많아 모두 나열하지 못함에 다시 한번 너그러운 양해를 구합니다. 감사를 넘어 빚진 마음이라고 하는 것이 제 심경의 가장 흡사한 표현인 듯합니다.

그리고 한시도 잊을 수 없는 하늘나라에 계신 부모님께 언제나 그러했듯 뒤늦은 인사를 올립니다. 감사합니다. 사랑합니다.

2025년 여름 비바람 몰아치는 부산 해운대에서

시인 조이 송 수 이

제1부 | 愛別離苦애별리고

상명지통 喪明之痛

울지 말라고 달랠 수 없다
더욱 공허하리라
무너진 가슴 안고
통곡하는 그 울음 옆에
같이 울고 있을 수 밖에
아무것도 해 줄 수 없는
아, 이 무능한 존재의 슬픔이여
괜찮아 질거라는 말을
누군가 무심하게도
내뱉는 그 잔인한 순간
또 다시
허물어진 자리에
함께 앉아
더 크게 울어야 되리

슈만*그리고 그들

먼 옛날 먼 나라의
어느 지붕 아래에선
세 사람이 살았다네
피아노와 현악기가
아름다운 음악을 자아
흐르고 있었던
꿈 같은 거리의 풍경이
진정 그림 같았으리
그는 누구를 사랑했을까
음율을 만지는 하얀 손의 아내를
자신을 존경하며 섬기는 제자를
훗 날 긴 세월을 지나
이 먼나라에까지
아슬아슬한 궁금증을 일으키며
또 다른 노래가 되어
달빛과 함께 일렁이나니
사랑의 비밀은 오늘도 멈추지 않는다

*슈만 (1810~1856)
 독일의 작곡가 피아니스트인 아내 클라라와 제자 브라암스와 세사람이 함께 살았다
 (저자 주)

정경 情景

연두빛 잎사귀는
따스한 바람에
팔랑거리고
밝은 햇살은
꽃무리 옆에 앉아
숨을 고르고 있는
머리 허연 노파의
무릎에 기대어
달콤한 오수에 빠져있고
어디선가
소년 합창단의 목소리로
슈베르트*의 노래가 흐르는
꿈처럼 고운 봄
오, 아름다운 정경이여
천국의 한 조각이여

*슈베르트(1797~1828)
 오르트리아의 작곡가. "가곡의 왕"이라 불려짐
 독일 낭만주의 음악의 개척자로 평가됨(저자주)

용서에 대하여

요란한 장대비가 내려
사방이 낮도 밤도 아닌
자루 속에 담긴 듯
어둑어둑하다
무섭게 머리를 두들기는 비가
마치 하늘에서
악취나는 악도리 같은 나에게
내려주는 벼력인 것 같아
아프다
언제가 되어야
나는 나를 용서할 수 있을까
나의 던적스러운 비겁함을
부서져 있는 단작스러운 돌니처럼
거친 강퍅함을
얼음보다 더 차가운 비정함을
오랫동안 버려둔 퀴퀴한 자조적 절망을
그 무엇보다도
숭고하고 아름다운 사랑을
십자가에 못 박아 버린
그토록 끔찍한 어리석음을
진정 언젠가는
쏟아지는 빗줄기가
나의 죄에 대한 속량처럼
벅차게 느껴질 때도
올 수 있을까

집

나의 집은 작고 초라한 별
이곳은
나의 가난과 사랑이
둘레둘레 모여 앉아
담숙한 시간들을
맛나게 나누어 먹는 곳
이제 이곳에
빛이 내려와
은혜와 사랑으로
충만케 되었도다
아득한 곳
화려하고 추운 나라에서
허짓허짓 맴돌고 있는
오랜 친구여
그대를 위하려
한 방울의 온기라도
내어줄 수 있길
간절한 바람에
밤마다 고요히
작은 촛불 하나를
밝혀 보누나

사랑의 얼굴

달보드레한 어린 풀잎을 바라보는
인자한 달빛이
산산조각이 난 터슬터슬한 돌조각들을
사나래처럼 어루만져 주는
낮은 바람결이
엄마를 잃고 꽃잎같이 작은 발에
상처 입어 피를 흘린 채
비에 젖어 울고 있는 아기고양이 옆에서
그 모습이 가여워 함께 울고 있는
끌끌한 상한 마음이
모두 이 육신의 땅에
사랑을 지어 놓으신
비밀한 그분의 얼굴이어라

청춘의 열쇠

한낮 정오의 때가 분명한데
아무리 눈을 비비고 보아도
눈앞이 보유스럽기만 하다
굳게 닫힌 문과
사슬로 매여져
침묵으로 물려있는 자물쇠를
열어야만 하는데
도무지 꿈쩍도 하질 않아
가뭇없이 천착한 그때
어디선가 지혜의 목소리가
다가와 속삭인다
청춘의 볼온함과
진리에 대한 목마름과
미래에 대한 두려움과
순수를 향한 열정으로
비밀한 열쇠는
시나브로 벅벅이
자라나게 될진저

다른 곳에 핀 꿈

세상에 태어난 예쁜 꿈들이
방울꽃 받아 삼키며
속닥속닥 자라 났었다
수많은 꿈들이
꿈처럼 봉오리를 맺어
꿈같이 꽃을 피우려 했지만
무서운 악다구니 바람은
꿈이 펼쳐지는 것을
너무도 싫어했나 보다
어리석은 노대바람은
봉오리도 여린 줄기도
오달지던 뿌리마저 앗아가
진흙 가득한 늪 속으로
애모쁘게 묻어 버렸다
끝내
다시 해가 뜨고
그곳에
아름다운 연꽃들이
난만하게
피어나게 될 줄도 모르고

걸음마

아가야
손잡고 일어나자
얼쑤, 용 타

아가야
이제 손을 놓을게
아장아장 걸어보렴

아가야
부디 기억해 줘
넘어지기도 할 거야
그래도 일어나야 해

아가야
꿍 넘어져서
울음이 터진
사랑스런 너에게

어미의 물 짠 손을 내밀기보다
미어지는 마음을 애근히 붙들고
기다리고 있으마

그래야만
어떤 생명보다 귀한 네가
머지않은 날
힘차게 벌떡 일어나
독수리처럼 멋지게
날아오를 수 있을 터이니

애별리고 愛別離苦

나 어릴 적
나의 아버지는
유난히 잔약하고 조그만
어린 늦둥이를
제법 자깝스럽게 굴 때까지
등에 업고 다니셨다
그 시절의 아버지는
용렬한 장수처럼
거여워 보였었는데
세월이 많이 지나지 않아
아버지의 모습이
나날이 바드랍고 궁굴해보여
나의 조붓한 마음이 은결해졌다
그렇게 소격한 세월을 보내다
갑작스레 아버지를 여의고
어마지두한 나는
아직도 메별袂別중이다
그 언젠가
나도 그곳으로 따라가면
그 때 그곳에서는
아버지는 멋지다고 감사하다고
이 못난 감문 입을
뗄 수 있을 런지
아아
옹송그리고 있는 내 머리 위로
시드러운 여름이
바늘처럼 쏟아진다

천국 일상

언제가 그때일지
나는 모릅니다
그때는 오직
딱 한 분만 아신데요
그때가 되어
이 땅을 떠나
그곳에 가면
그곳에서는
학교에도
일터에도
시장에도
다녀오겠습니다. 하고
웃으며 인사를 드릴게요
그곳에서는
아무 데고 가지 마시고
그대로 기다려 주세요
엄마 아빠 좋아하시는
홍시랑 인절미랑 사 들고
부지런히 달려
다녀왔습니다
잘 지내셨는지요 하고
활짝 웃으며 명랑하게
인사할게요
꼭 그럴게요

빈 꽃병

둥근 탁자 위에
투명한 보랏빛
푼더분한 몸체
오묘한 모습의
아담한 꽃병이 놓여 있다
그 꽃병에는
언제나
꽃이 담겨져 있지 않다
뿌리와 포도시 닿은 가지 끝에
안간힘을 쓰며
힘차게 피어오른 꽃송이들을
몹시도 소중히 아껴
행여 꺾어질까
기꺼이 비워진 채
사랑의 노래만이 공명하는
가난한 빈 꽃병

봄 향

문득
환하게 피었다가
눈처럼 날려
촉촉한 봄의 땅을 덮어 주는
꽃의 향기를 모른다는 것을
깨달았다
꽃잎 모두 사라진 그제서야
나무에 기대어
눈을 감고 얼굴을 묻어
향기를 맡아 보았다
연분홍의 옅은 향기는
코끝에 머물지 않고
뺨을 타고 흘러
마음으로 발등 위로
퍼져갔다
활짝 피었던 아름다운 그 날엔
그다지도 무심했음에
용서를 구하듯
거친 나무결을 쓸어주며
나도 나무도
봄 나비와 함께
사뿐사뿐
봄 하늘을 날아 걸어갔다

조우 遭遇

숲 속의 예쁜 집
활짝 열린 품으로 달려가
그리운 얼굴을
오랜만에 안아보니
밖에서는
천둥과 번개 누리까지
요란하더라
신비롭게도
우리가 함께 하던 그 안에는
꿈결 같은 고운 시간만이
충만하여
마치 피안인 듯하였다
생에 결코
값없이 얻어지는 것은 없나니
애가 끊어지도록 통곡하던
수많은 시간 들이
그 고운 한때를 위해
치러진 것이라면
나
또다시 울고 울어도
기꺼이 그 축복의 한순간을
소망하리라

길이 되어버린 꿈

숨겨진 옹달샘을
찾아 걷는 길은
제법 애마를터이다
너무 먼 곳에 있을까 봐
찾을 수 없을까 봐
총총 서두르는 그 발길에
꿈꾸는 산이끼가 함께 하고
어느새
샘은 잊혀 지고
길은 꿈이 되고
꿈은 길이 되었다

같은 말들

꽃은 위로의 향기이고
바위는 우주의 이야기
눈물은 사랑의 현현이고
만남은 고독의 첫걸음이고
마음은 찾지 못할 미로이고
고통은 희망의 예언이고
강함은 연약함이고
가난함은 부요함이요
감사는 환희이고
공포는 지혜의 얼굴
침묵은 영겁의 노래이며
가르치는 자는 배우는 자이고
의심은 믿음의 초석이고
기쁨은 인고의 열매 이다
그리고
모든 생명은
찰라 의 바람이며
또한
영원의 빛이로다

반댓 말들

미움의 반대는 깊은 고뇌이고
어둠의 반대는 진실함이고
사랑의 반대는 무례함이고
빛의 반대는 혼돈함이고
감사의 반대는 미련함이고
그리움의 반대는 멸시함이고
진리의 반대는 이기심이고
헌신의 반대는 지더린 교만이고
고통의 반대는 위장된 착각이고
꿈의 반대는
더뎅이진 몹쓸 욕망이리니
평화의 반대는
친절을 가장한
섬뜩한 위선이로다

강구연월 康衢煙月

절기는 어느새
입추인데
여름은 오히려
더욱 염염하다

골목 사이 사이를 돌아
가년스러운 산동네의
높드리에 올라
마을을 내려다 본다

젊은이들은 태양 아래
하르르 한 차림으로
여름을 뜨겁게도
만끽하고 있는데

검기울던 저녁엔
기어코 작달비가
온 거리에 쏟아 졌다

비 긋다 만난 할머니가
애오라지 이뿐이라며 건네주신
마닐마닐한 복숭아가
새로 뜬 둥근달처럼
다정하고 겨르로운
아, 진정 오래오래 붙들고 싶은
이 한 밤이여

평화

평화는
이른 아침 길가에 핀
여린 꽃잎에 맺혀있는
이슬방울을
보석처럼 소중히
들여다보는 마음이다

평화는
격장한 할머니의 기침 소리에
마음이 석석 하여
가만히 도라지 차를
끓이는 오후이다

평화는
신나는 운동회 날
다리가 불편한 친구의
손을 꼭 잡고
달리기 시합에 나가
천천히 한 걸음 한 걸음
함께 꼴찌 하기로 한
행복한 친구들이다

평화는 언제나
바로 여기에
우리들의 손 안에 있다

해후 邂逅

가을에게 자리를 주지 않으려는 듯
태양은 모든 것을 다 태워버릴 것처럼
이글거리고 있는 8월의 오후
우연히 길 위에서 스쳐 가는
어떤 향기로
나는 그만 우두망찰하여
멈춰 섰다
옛 고향 집 안방에 있던
경대鏡臺 앞의 엄마는
살짝 들뜬 얼굴이었다
단장을 마친 엄마가
얼굴을 돌려
내게 웃어 보이셨다
다행히도 그때
어린 나는 같이 웃으며
엄마의 향기를
내 마음속에 담아 두었었다
그리운 향기가
순식간에 초로初老의 나를
둘러 싸버린 지금
입추가 지난 여름이
심술 맞게도 더워서
괜시리 눈에서도 뺨에서도
뜨거운 땀줄기가
하염없이 흐르고 있다

제2부 | 끝없는 밤

얼김

드레져 보이던
어떤 사람의 속됨을 본 후
무슨 연고인지
온몸과 맘이
시데부데 아파 오고
심난해 졌다
사소한 그 모습이
왜 그리도 시드러운지
모두 잠든 한밤중에
홀로 깨어
벽에 걸린 십자가를
이드거니 바라보다
어렴풋이 느껴 졌다
아마도 이 아픔의 이유는
내 영혼 윤숙한 골짜기에
그 모습과 같은 야비함이
는질는질하고 끈적하게
인 박여 있다는 것을
분명하고 또렷하게
새삼
깨단하게 된 까닭이리라

수수께끼

후끈 바람 사늘 바람
오고 가는
오묘한 절기의 한복판에
목울음 차오른 한 사람
무릎 꿇고 앉아있다
무슨 연고인지
같이 울어 주고 싶어져
눈을 지긋이 감아 보누나
생각해 보면 한 켠
우습기도 하지 않은가
모든 생명은 끝내
온 천지에 보이지도 않는
먼지가 되어 날아갈 뿐인데
살아있는 동안
그 작은 먼지가 품게 되는 시름과
삶 속에서 다 흘리지 못한
뜨거운 눈물까지 모으면
꼭 천년만년 흐를 것만 같아
아뜩해져 버린다는 것
참으로 알 수 없는 일

그 다음날

작은 공연장의
그 사람은
좋은 세상을 위해
노래하고 있었다
그의 노래는 사랑과 평화
그리고 헌신을 나누었었다
지빈하고 어린 나는
입장료를 살 수 없어
그곳에 들어가지 못했다
돈을 더 열심히 벌고
아끼고 모아
꼭 가고야 말 터이다
그 굳은 다짐과
쓸쓸해 보이기만 했던
마로니에 나무들 사이 서 있던
초라한 내 모습
그리고
그날의 그 모든 풍경이
마치 오래된 유화 한 폭처럼
아름답게 남아 있는데
그 사람은
하늘의 별이 되어 버렸다
결코 이제 다시 올 수 없는
그 다음날

가재기

금새 지나가는 녈비였는데
골목 구석에 피어 있던
이름 모를 작은 풀이
뿌리까지 드러나도록
얕은 흙이 무너져 패여 버렸다
벗갠 하늘 밝은 햇볕에
약한 뿌리마저 말라 버려져
나의 마음이 물큰했다
아아, 어찌할꼬
하얗게 머리가 새도록
용사인 듯 착각하며
날선 칼로 허물만을 만들어
온몸에 들쓰고 있는 주제에
작은 생명의 스러짐에
지금 선 땅이 모두 무너진 듯
갈래는 마음으로 주저앉아 버린
이 객쩍은 존재를

검은 노을

벌써 밤이 되었네
어두워졌구나
고개를 들어
하늘을 바라보던 친구가
웃으며 말했다
나는 괜시리 힘주어
고개를 저었다
아니 아니 밤이 아니야
아직 저녁이란다
나의 벗이여 보이지 않는가
저 느림보 노을이
어두워 보이는 저곳에
아직도 머물러 있잖니
늦둥이여서인지
매사에 늦되기만 하여
깜깜한 나를 닮은
저 검은 노을이 말이다

연시와 외할머니

나의 외할머니는
끔찍하게도 무서운 세월을 보내시다
착한 아들들을 모두 잃고
갈 곳 없이 헤매는
서러운 나그네가 되셨었다
어느 날
땅바닥에 떨어진
흙 묻은 연시가 눈에 들어와
한 입 다시고 싶었는데
다리가 움직여 주질 않아
끝내 손에 못 집었다고 쓸쓸히 웃으셨건만
어리고 철없던 나는
내 손에 든 연시를 단작맞게도
혼자 홀짝대며 먹어버렸다
지금도 아귀 같은 나는
잘 익은 주홍빛 연시들을
소반에 담아
꾸역꾸역 입에 밀어 넣다가
그만 사레 들어
눈물이 나도록 기침을 하고 있다

노란 빛깔 오후

은행나무 노란 빛 위로
가을볕이 쏟아져
온통 노오란 오후
노랑 꽃무늬 벽지가
사방에 발려있던
그 옛날 한옥 집은
흔적도 없이 사라져 버린 지금
옛 마을 풍경은 변해만 갔고
벤치에 앉아있는 나도
흰머리에 가선지어졌는데
나의 발등에 툭 떨어진
가을 오후의 빛깔은
하나도 변하지 않았구나
어디선가
조그만 잠자리 하나가
고향 대신 인사를 하듯
내 흰 머리 위를
뱅뱅 돌다
힘 빠진 나의 무릎 위에
다정히 앉아 주었네

곡비 哭婢

하나님
저는 여태껏 제가 무엇을 제일 잘 하는지
알지 못하였습니다.
초로의 자리에서
곰곰이 생각해 보니
어린 시절부터 유난히
울보라고 놀림 받던 제가
아마도 우는 것을
제일 잘 하는 듯 합니다.
그러하오니
저를 주님의 곡비로 삼아 주시옵소서
주님의 눈물이 머무는 곳
가슴을 찢고 우는 슬픈 자리에
저도 함께 울어서라도
하나님의 선한 도구가 되기를
간절히 바래 봅니다.

까치밥

나뭇잎도 다 떨어져 버린
앙상한 가지에
잘 익은 홍시감 몇 톨이
아그데아그데 달려있다
어디선가 새들이
포롱 거리며 날아와
요기조기 가지에 앉아
탐스런 열매들을
부지런히 쪼아 먹는다
맨 처음
쌀쌀해지는 계절에
작은 새들을 위해
달고 맛나는 그것들을
남겨 두기로 한 사람은
그 누구였을까
그 마음 한 톨만 얻으면
골막한 내 마음도
마저 다 채울 수
있을 것만 같은데
아, 덧없는 계절만이
홍시처럼 가디록 익어간다

말복 末伏

어느새 계절은
이젠 정말
떠나보낼 때라고 한다
그렇게도 사랑했던
태양의 열도
약비를 바래며
초조해하던 기다림도
언제가 되어야
허리 펼 때가 올까
이마의 굵은 땀을 씻으며
허덕이던 된 날들도
까치놀 하나에도
사뭇사뭇 설레이던
발그스레한 얼굴도
따듯한 봄볕에 서 있던
꽃나무들이
가슴 벅차도록 너르듯던 풍경들도
모두 다
마치 손에 닿을 듯
또렷할지라도
결코
만져질 수도 없고
끄먹거리기만 하는
아련한 환영들이 되어 간다

아름다운 세상

이 세상의 삼라만상은
모두 아름답다
그도 그럴 것이
영원토록 아름다우신 분이
만드셨기에
이 아름다운 세상은
어떻게 이어질 수 있을까
그리고
이 안에서
어떻게 살아야 할까
세상의 아름다움을
만끽하며 살려면
실력을 갖추여야 될진저
삶을 갉아 먹으려는
쐐기벌레를 퇴치하고
비바람을 피하고
또
맞고 견디어 내면서
고요하지만 강한 힘
그것을 길러내야 한다
그때에서야
비로소
스쳐 가는 바람 한 줄기마저
기쁨이 될 수 있을지니

희망

해가 뜨네 해가 뜨네
서쪽 하늘에 해가 뜨네
아무도 실망하지 말라는 듯

달이 지네 달이 지네
동쪽 하늘에 달이 지네
못된 안다니들을 놀리는 듯

별이 웃네 별이 웃네
고단한 땅의 눈물방울이
하늘에 올라 별이 되어 웃네

한숨지으며 허짓허짓 걷고 있는
가난한 영혼들의
희망의 빛은
정녕 영원히 꺼지지 않으리

선물상자

누군가 노래하길
이 땅의 눈물이
별이 된다고 했던가
그래서
그 할머니는
자녀들을 위한
선물상자들을 마련했단다
금도 은도 없는
빈손의 어미가
텅 빈 상자 속에
마음을 담았다고 했다
그분이 멀리멀리 떠난 연후에
그 자녀들이 그 상자를
열었을 때
과연 그들은 볼 수 있을까
그 안에
별들이 꾹꾹 눌러 담겨
휘황하게 빛나는 진경珍景을

준천 濬川

아무런 소리가 나지 않는다 하여
삶이 아닌 것은 아니다
힘없고 가난한 목숨들이
흐르는 길은
언제나 좁고 거칠다
신음 소리 조차
함부로 낼 수 없는
고달픈 인생들이
이리도 혼란스럽고
위험한 세상에서
가야 할 길을
바로 가지 못하는 그때
그런 때의 그 절실함을
무슨 말로 다 토로할 수 있으랴
나의 손은 다 닳아 가고
간절히 비노니
제발 맘껏
흐르게 하여 주소서

환절기

인생은
계절에서 계절로
이때에서 저 때로
흘러가고 있도다
철마다
넘어가야 하는
고개들은
오름직한 동산처럼 보이기도 하나
실은
험산준령들 뿐이로다
그렇게
땀과 눈물로
한고비 한고비
넘어가야만
다음 계절을 만날 수 있도다
그렇게 생은 빚어져 가리니
고통은 눈물이요
눈물은 사랑이어라

가난한 가을

가을을 소망함은
꾀꼬리단풍으로
산들이 아름답게 물들고
 이곳저곳에서
맺혀진 열매들을 거두며
이른바
황금빛 들녘엔
흥겨운 풍년가가 흐르는
풍요로운 진경 때문이리라
허 나
세월이 갈수록
사방의 곳간들은
넘치도록 풍요롭다는데
고단한 이 내 영혼의
조붓한 서랍은
왜 이리도
텅 비고 사늘하기만 한지
아, 찬바람이 뚫고 가는
이 서글픈 인생은
오직 눈물만이 충만하도다

끝없는 밤

하나의 인생은
하나의 역사이다
잔인한 역사 속에
고난이 혹심하여
한 목숨 마다 맺힌 한恨들이
모이고 모여
바다의 가치 노을이 되고
대지 위에 휘몰아치는
형태조차 알 수 없는
허무한 바람이 되어 떠도나니
남은 자들의 몫은
떠난 이들의 한을 품고
또다시
앞이 캄캄한 밤을
지나야 하는 것
언제가 되어야
온전케 될지 모르나
스스로 동살이 되어
끝 모를 밤을
뚫고 나아갈지어다

근심

이것은
해 돋는 싱그러운 아침에
창밖의 풍경을 보며
기지개를 켤 때에도
조릿조릿하게 하고
포롱 거리는 예쁜 새를 보고도
괜시리 친친하게 하고
뜻밖에
좋은 선물을 받고도
그저 귀살쩍게 여겨지게 하고
고운 자리에 누워서도
밤새
궁싯거리게 하는
곤궁한 백성들의
가장 다부닌 친구라고나 할까

더운 바람

옅은 한 줄기 바람에도
마음이 산득거리는
유약한 꽃은
자신을 지키려고
뾰족한 가시를 만들었단다
섬뜩한 가시로
모두 들 외면하고 싫어했지만
그 별의 주인만이
그 꽃을 사랑했단다
닮은 꽃들이 아무리 담숙 하게
무리져 피어 있어도
그 주인이 사랑한 꽃은
그에게 특별했다고 한다
오래된 동화 속의
전설 같은 알쏭달쏭한
이 이야기를 떠올리면
언제나
거친 심령에 바람이 불어와
여지없이 울음이 터진다

시간

우리는 이것을
눈으로 볼 수 없지만
항상 그 안을 맴도는
유한한 삶들이다
하루는
마치 영겁처럼
지난하게 지나가고
십 년은
마치 화살처럼 날아
쏜살같이 사라진다
백수를 맞이하는 노파는
백년이 꼭 꿈결처럼
흘렀다고 한숨을 지었다
알 수 없는
이 시간의 수수께끼는
풀 길이 없지만
길고 긴 하루에
제발
한치만 키가 자랐으면
한 톨의 뜨저구니가
사라질 수만 있다면
이 간절한 소망은
온 시공간을 넘어
차곡차곡 드러장이고 있다

무덤 위의 토끼풀

오랜만에 찾았던
할아버지의 봉분封墳위에
토끼풀이 가득 덮여 있었다
어른들은
큰일이 난 것처럼
모두들 손을 모태어
서둘러 토끼풀을 매었다
단발머리 중학생이던
나의 눈앤
토끼풀이 여리고 예뻐보였는데
그것들이 없어져야 한다고
일동합심하여 허겁떨이를 하니
육삭동이 같은 나도
저 토끼풀 같은 존재일까 싶어
울컥해지던 그때
점점 검기울던 하늘만이
내 마음을 알아차린 듯 여겨져
겨우 마음이 달래어 졌었고
토끼풀들이 아무리 연약해도
그 생력은 검질기다는 것을
알게 되어 미소를 띄우기까지는
그 후 한참이 걸렸다

제3부 | 여우별

다른 기억

나의 기억 속의 옛 고향 집은
넓은 마당에 근사한 꽃밭
그곳의 장미 꽃송이들
라일락꽃 그 향기를 맡으며
조그맣고 귀여운 바둑이와 뛰놀던
한없이 그리워지는 풍경이다.
먼 곳으로 떠나버린
야속한 언니의 기억 속에는
고향 집 마루의 피아노
그 위에 놓였던
플라스틱 장미 한 송이와
그 위로 쏟아지던
봄날 오후의 햇살이
그렇게도 서글펐단다
인생이 너무나도 쓸쓸하게 느껴져
그 후에도 아프다 했다
이토록 같은 곳이
모두 다르게 기억됨을 보고 나니
우리는 어쩌면
우리 앞의 광경을
눈으로 보는 것이 아니라
마음으로 보는 것이 분명한 듯하다
그리 하다면
나는 이제부터
참담한 이 육신의 땅의 모습들을
따뜻한 온기로 기쁜 경탄으로
적어내고야 말리라

알 수 없는 마음

살다 보면
참 이상할 때가 있다
옳고 바른 일을 하였는데
마음이 흐뭇해지질 않고
오히려
심난 한 듯 갈래는 심정이
긴 밤을
잠 못든 채 지새우게 하는 것이다
아마도 그 연고는
오래도록 가무리고 있던
못난 어둔 영혼이
아직 난숙하지 못한
착한 심령을
고작 애송이 주제에 라며
괴악스레 바라보고 있기 때문이리라

어떤 오후

나의 고통은
내가 스스로 저지른 죄로 지어진 고통
나의 모욕은
모욕된 자리임을 알고도 함께했던
나의 어리석음으로 만난 모욕
나에게 배신은
나의 무지함으로 인한 배신이요
나 또한 많은 이를 배신했었고
나의 버림받음은
내가 부끄러운 존재가 되어
버림받았으며
나의 죽음이란
가난하고 힘이 없어
나의 영혼이 짓밟히고 방황하여
선함에 대해 죽고 만 것이다
이런 나에게
삶이란 죽음으로써
진실되게 찾을 수 있음을
온몸으로 보여주신 그때 그곳을 행해
다시 한번
겸손히 무릎을 꿇는 오후

영웅

위인전이라는 책 속에서
그려져 있던 영웅들은
거의 기억이 나질 않는다
오히려
일상 속에 볼 수 있는 영웅들은
참으로 가난한 어머니들이다
그런 어머니들의 굽은 손가락을
그리고도 자녀들만 보면
웃기만 하는 주름 패인 얼굴들
그 뒤에 숨겨져 있는 눈물들
삐걱거리는 무릎팍 위에 쌓여있는
슬픈 세월의 증거들
어쩌면
아무도 알아주지 못할 수도 있고
텅 빈 손 뿐이라고
비난받고 버려질 수도 있는
위험을 무릅쓴 채 견뎌내는
바보 같은 얼굴, 얼굴, 얼굴들
허나 세상은 변함없이
적막한 밤인 듯한 그곳으로부터
희번한 하늘이 펼쳐지는도다

외로움

어떤 이가 말했다
외로운 것들은
안에 무언가를
머금고 있다고
외로운 것들이
머금고 있는 것은
과연 무엇 일까
아마도
사랑과 인내, 그리움
이런 것들이 아닐까
내가 끝없이
품고 찾으면서도
늘 표현이 서툴러서 자주 넘어지곤 하는
바로 그것들

착각

살아있는 동안의 시간들을
모두 성실히 살아야 한다고
늘 다짐하고
제법 그렇게 살아왔다고
생각해 왔다
하지만
가을 저녁이 되고서
뒤돌아보니
그 자체를 잊고 지냈으며
실천은 더더욱 모자랐나니
이렇듯 착각이란
하는 때는 절대 모르고
착각이란 것을 가슴이 저리도록
깨달아야만
비로소
벗어날 수 있는 것이었다
혹시 지금 이순간도
나는
어떤 착각 속에
빠져 있는 것은 아닐까

독백

나의 유년은
아픈 아이
거짓말하는 아이
툭하면 우는 아이
떼쓰는 아이
성마른 아이
그리고 또, 또…
이제
무지개 나라로 넘어가는
다리 위의 나는
아픈 사람
감추는 사람
죄 많은 사람
잘 우는 사람
마음속 그림자를
아직도 못 버린 사람
부끄러운 사람
그리고 또, 또…

병원 중정中庭에서

휠체어에 노인이 앉아있고
누군가 이마에 손을 대어
하얀 머리카락을 쓸어주고 있다
저 풍경은
평화일까
염려일까
눈물일까
무거운 삶에 대한 연민일까
아님
사랑의 아름다운 한 폭의 그림일까
아, 어찌하여 내 마음은
왜 이리도
찬 바람에 흔들리며
햇살 꽉 찬 정원 안을
허짓허짓 바장이고 있는가

왕이 사는 집

왕이 사는 곳엔
사랑이 있다
아침 일찍 들여다본
작은 꽃잎의 이슬마저
눈에 소중히 담을 만큼

왕이 사는 곳엔
한숨이 있다
누군가 고통 중에 있을까
여전히 눈물인 이가 있을까
잠 못 드는 깊은 시름과 함께

왕이 사는 곳엔
온기가 있다
화려하고 찬란한 빛이 아닌
모든 언 가슴들을 녹일만한
눈물 어린 헌신으로

어리석은 왕은
저 높고 화려한 곳에
위태롭게 있지만
진정 영원의 왕은
낮고도 천한 곳에
소리 없이 머물러 있다

세레나데

사랑에 대하여
고통에 대하여
잘 안다 자부 하던 어리석음이
산산이 부서지고
나의 머리를 스스로
부서져라 때리며 울었다
아무것도 모르겠다고
어떻게 해야 하는지
무엇을 해야 하는지
나의 허물들이
온몸을 찌르는 고통 속에
그 무엇을 해도
이제 더는
용서를 빌 수조차 없으리라
가슴을 치고 또 치며
울음마저 가증스러울까
온몸을 떨고 있던 그때
거기까지 침묵하던 목소리가
얕은 숨결처럼
고운 노래 되어
내 귓가에 속삭였다
사랑이 이긴다
사랑이 이긴다
사랑만이 이긴다고

기억에 대한 선택

누구든
자신의 삶에 있어서
많은 것을
선택할 수 있다
사람도
사랑도
길도
그러나 훗 날
택한 기억에 대하여
후회가 될지
추억이 될지
절대로 선택할 수 없다는
아픈 진실을
해가 기울어서야
알게 되었다
후회로 꽉 차버린
나의 머리 위로
어둑하고 낮은 하늘을
비둘기 한 떼가
무심히도 날아간다

배앓이

며칠동안
지독한 배앓이 중이다
병원을 가고
약을 먹고
겨우 달래는 시간을 지나며
몸져 누워 있다가
생각해 보니
나는 나의 뱃속에
무엇을 담았을까
나의 미련한 탐욕이
무엇을 삼켰기에
이렇게 아픈 걸까
문득
주인 잘못 만나서
긴 세월 동안
참으로 고생이 많았던
나의 뱃속이 가여워
뱃 거죽을 들여다보며
조용히 말해 주었다
미안해 정말 미안해

이슬

아침의 창가
가을 국화 꽃잎 위의
이슬을 보니
지난밤 꿈속의
환한 웃음이 떠올라
예쁜 꽃잎 위의
아롱진 이슬 방울들을
한참 동안 들여다보았다
참 이상한 것이
돋친 해는 벌써 떠서
미련을 못 버린 철겨운 열기가
스물스물 다가오는데
꽃잎 위의 이슬방울들은
점점 도글도글 많아지고
금세 예쁜 꽃이 젖어 버렸다

송별 送別

삶이라는 거친 너덜길을
걷다 만나는 수 많은 인연들
하나하나 빠짐없이
고운 만남이 되어
고단한 발걸음의
길벗들이 된다면
얼마나 좋을까
허나
우리는 알고 있다
꼭 떠나보내야 할
아픈 때가 찾아온다는 것을
머나먼 별로 가는 사람들을
친구라는 이름 뒤에 감춰졌던
뜻밖의 민낯들을
그리고
그것들과 별반 다르지 않은
나의 못난 얼굴을
쓸쓸함도 원망도
모두 버리고
환하게 웃으며 인사하자
이젠, 아득히 안녕!

고향의 정의

고향은
추억이 머물러 있는 곳
눈물이 가득했던 곳
내가 있는 여기가
타향임을 문득 깨닫는
사늘쩍한 때마다
떠오르는 그리운 곳
엄마와
엄마의 숨겨진 눈물이
묻혀 있는 곳
엄마의 숨 가쁜 삶이
고스란히 땀방울로 맺혀
모두 별이 되어
반짝이고 있는
거리
거리
거리 들
구불구불한 길을
헤매고 돌아도
결국 그곳일 수밖에 없는
마침의 결론

진짜

나는
진짜가 될 수 있을까
거룩이 무엇인지 알고
실천하는 진짜 사람이

나는
진짜가 될 수 있을까
사랑을 가득 품은
따뜻한 진짜 엄마가

나는
진짜가 될 수 있을까
깊고
고요하고
명랑하고
인내하고
따뜻하고
강인한 힘을 가진
진짜 사랑이

겸손

그것은
비굴함 천박함을
완전히 버려야
갖추어지는 낮아짐
진정
당당함으로
스스로 의 자존감을 지켜 냄으로만
얻을 수 있는
살아 숨 쉬는 동안에
꼭 찾아야 할
능동적 품격이다

관심

내가 사는 도시에는
비둘기가 참 많건만
저들을 세심하게
들여다볼 수 없던 것은
고단함이라는 이유로
외면해 버린
나의 무정함이다
오늘은
뾰뾰히 나는 모습을
모라모람 바라본다
제법
드레진 사람인 체
하고 싶어서

열정과 열매

한 뉘에
고통 없는 열정은 없으며
고난 없이 맺어지는
열매는 없나니
비바람과 가뭄마저
이겨낸 후에야
무화과는
단맛을 품으리라
이 분명한 진리를
느리게 깨닫는
나의 무지함이여
이 진리를 안고
한순간도 놓치지 말고
진실한 사랑으로 채워야 할 텐데
나는 여전히
어린아이처럼 서툴기만하다
아이처럼 순수하고
숭글숭글 하지도 못하면서

당황

멀어진 듯
또다시 다가온
뜨거운 열대야로
낮에도 밤에도
열기 속을 헤매다
발등 위로 떨어진
낙엽을 만난 순간
온몸에
느리가 내린 듯
사늘해진 것은
아직은 괜찮아
아직은 견딜 수 있는데
아직은
열기를 붙잡고 싶은
흙처럼 변해 버린 한때의
한껏 푸르렀던
이파리들의 반짝임을
너무나도 또렷이
가득하게 담아버려
부질없이 연연해하는
미련한 집착 때문이리라

여우별

저녁밥이 없었나
부석부석 뒤척이는 밤
하루종일 오락가락하던
널비 때문인지
밤하늘에 어둑 발이
가득하다
어두운 공간에서
홀로 반짝이던 외로운 별이
한 가녀스러운 영혼에게
섬광을 던져주고는
별들만 산다는
아름다운 나라로
휘익 날아가 버렸다

제4부 | 전하지 못한 축전

가을 철쭉

비 거스렁이 한 날
산책을 하다
마을 뒤 켠 자드락에
둥지를 튼
작은 철쭉나무가
어느새 가을로
낯빛을 바꾸어
서 있었다
한 번도
봄바람에 설레었던 적
없다는 듯이
천심 하게도
이것이 진짜라고
말해 주듯이

소담 풍경

낮은 햇살 내려온
가을 오후의 우리는
하얀 손뜨개 보가
덮여 있는 둥근 탁자
그 위에 마주 놓인 두 찻잔
커피 향도 홍차 향도
서로를 위한 언어가 되고
연하게 풍겨오는
국화꽃 향기는
작은 우주를 끌어안는
엄마의 미소가 되어 흐르며
어디선가 가만가만
오랜 벗인 듯 다가온
작은 고양이 한 마리가
하품을 하고는
의자 밑에 누웠고
고요와 평화가 손잡고 머문
아름다운 신神의 마을
그 한 폭의 그림이 되어
텅 비어있던
마음 마음에 고이는도다

노루잠

지친 하루가
고단하게 지나고
작은 창문이 캄캄하여
이미 간잔지런 한데
도무지
잠이 들지 못하고
내내 궁싯거리는 것은
낮에 보았던 사진 속의
이 땅 위에서
가난한 영혼들을 위해
남김없이 타오르던
거룩한 얼굴들이
곰비임비 눈에 어리어
내 마음 거친 밭에
눈가비가 되어
쉬지 않고
내리고 있기 때문이다

사랑의 진실

여지껏 사랑이란
아삼삼한 감정으로밖에
알고 있지 않았다
이제 와 보니
사랑이란
행동하고 실천하고
때로는
눈물마저 꾹 참고
끝내
명랑하게 웃기도 하며
숭고한 신념으로써
견디어 내는 아픔이었나니
진정 사랑이란
눈물겨운 인내의
또 다른 모습이었네라

변명

변명!
그 구차한 이름은
언제나 어디서나
천대를 받는다
막상 이 험한 땅에서
모두 얼굴을 들고 살아내려고
고비 때마다
제일 먼저 찾아 들어 올리는
손쉽고도 가장 가까이 있는
존재의 증명 그것을 위한 도구요
그것을 위한 이야기 바로 그것이다
그렇지만 이 세상에서
천대받는 것들이
모두 진짜 천한 것들일 수는 없나니
지금 온 땅을 싸고 있는
욕망이라는 포장지는
변명 그것보다도
더욱 둘하고 누추한 것이로다

노을 예찬

동서고금의 많은 이들이
아침마다
새롭게 돋친 해를 바라보며
희망을 노래한다
이 육신의 땅 위에서
많은 사람들은
정오의 태양 그 찬란한 순간을
소망하고 사랑한다
그러나
변함없는 사실은
우리들의 마음이
붉은 빛으로 물들어 가는
늦은 오후의 하늘을 보고
사뭇 다른 어떤 감정을
피우게 된다는 것이다
이제 우리 모두
얼굴을 들어 하늘을 보며
저물어 가는 시간
이제 만날 것은
어두운 밤일 뿐인
너무도 짧아 더욱 눈물 어린
황홀한 한때를
감사와 겸손의 노래로
맘껏 기뻐하자

하얀 국화

밤새 비가 내리더니
비거스렁이하는 아침
어디에서 온 것인지
막다른 골목 구석 어둑한 곳에
하얀 빛깔 국화 한 송이가
바람에 구르고 있었다
주변을 둘러보아도
다른 꽃들조차 없는데
꽃잎마저 흐트러지며
날리고 있는
외롭고 슬퍼 보이는
그 모습을 보고
앞서서 서둘러
하늘나라로 떠나버린
그리운 얼굴들이
밀물처럼 마음속을 메어와
아주 오랜만에
먼지 쌓인 사진첩을
부옇게 흐린 눈으로
더듬어 펼쳐 놓았다

깜부기불

한없이 타오르던
찬란한 시절이
진정 존재했던 것일까
그것은
한순간의
스쳐 가는 열정이었으며
자칫 스스로와 주변을
사를 수도 있는
위험이었기도 했다
이제 남은
옅은 생명에
따스한 숨이
가만가만 불어와
꺼지지 않고 존재하노라
어둠 속 그 어떤 존재보다
작고 보잘것없지만
누군가에겐 소중한 밑불이 되길
간절히 소망하며

시간 위로

어디에서 불어왔는지
눈에 보이지 않고
알 수 없어도
바람은 언제나
우리의 곁에서
나뭇잎을 반짝거리게 하고
단풍에 물든 나무를 흔들어
낙엽이 우수수 떨어지게 한다
과거는 미래로 불려가고
지금은 과거로 밀려가고
미래는 무붓한 지금을 어루만지며
새로운 과거를 조형造形한다
멈춘 듯 생동하는 모든 순간
우리는 가장 아름다운
사랑의 빛을 향해
걷고 달리고
이윽고
그 위를 날아가게 되리라

전하지 못한 축전祝電

아침에 눈을 떠
잠이 덜 깬 채로
달력을 들여다보고는
밤새 꿈자리에서
무슨 일인지
내내 훌쩍대었던 듯
뒤숭숭했던 이유를
알아 버렸다
생일을 축하한다고
가을에 생일인데도
왠지 담숙한 수국꽃이 떠 오른다고
웃으며 말해 주고 싶지만
보낼 수 없는
이 먹먹한 마음도 모르고
무심하게도
홀로 청명하기만 한
높은 가을 하늘에게
자잘먼지라도 낄 것을
하며 지청구만 보내었다

분노의 묘약

세상에서 날마다 쏟아지는
수많은 소식들은
달콤하게도 끔찍하고
암울한 사연들 투성이다
그것들의 밑절미이며
아픔으로 말미암아
멈추지 않고 새롭게
늘 태어나는 것은
분노라는 사나움
그것이 아니겠는가
이곳저곳에 고여있는 그것들을
한데 녹여 간정 되게 할
신약神藥이란
오로지
가슴 아픈 눈물을 흘리며
가녀스런 삶의 고개를
허위허위 기어오르고 있는
아련한 영혼들을 위하여
예부터 끊임없이
작은 촛불 하나 되어
애근히 타오르고 있는
감추어진 따스한
숨결들 뿐이리라

한낮의 반딧불이

하늘은 높고 푸르며
바람도 선선하고
코스모스가 어여쁜데
거리마다 날로
스산해지는 공간들처럼
더욱 공허해만 가는
신산한 삶들의 눈 속엔
붉게 자라나는 분노와
흑심한 두려움이 흘러내리는
살풍경뿐이로다
허 나 반드시
 크게 심호흡하며
고개를 들어 기억할지어다
어둡고 캄캄한 밤에
고요하게 비춰주는
고마운 불빛들은
낮에도 변함없이
이 땅에 존재하고 있음을

목새 미리내

나는 구르고 차이는
하찮은 돌멩이
머지않아
부서지고 깨어져
뾰족스런 돌니가 되고
시간을 뚫고 지나
한뉘를 품은
고운 모래가 되어
달빛과 함께
이 땅 위의 별빛으로
반짝이며 흘러가리라

어른 되기

아이들은 바륵바륵할 것을
골이 난 듯해야하고
꽃 무리가 다복하게 핀
예쁜 담장을 앞에 두고도
그 너머의 숫자를 떠올리며
조물주의 솜씨를 기롱하는
청맹과니가 되어
강인함을 들써야 한단다
그렇지만
스스로의 눈이 멀었다는 것을
겸손히 인정할 때
진짜가 될 수 있다는
진실을 깊이 깨달았던
옛날 어떤 사람은
자신의 나약함이
곧 강함이라고
힘주어 고백했더란다

청소하는 날

기다리던 맑은 날
벼르고 있던
집안 청소를 한다
구석구석에 켜켜이
검은 먼지들이
들러붙어 있다
나의 삶 전체에
군 때가 이보다 더
인 박혀 있을 터이니
나의 얼굴이 비치는
거울을 닦다 말고
아뜩히 두려워졌다
묵은 것들을 남김없이
말끔히 씻어 내줄
유용한 도구를 찾아
사방을 두리번 거리지만
아무것도 할 수 없는
무능함으로 인하여
울먹울먹 서 있다

풍경화 風景畵

적요한 언 땅에
눈석은 물이 흐르고
움튼 싹이 기지개를 켜는
봄날엔 설레기도 했었지
나무들의 예쁜 빛깔들이
벙글어져 흩날리고
곱살낀 장마로
염염한 여름이 오고 나면
강더위로 걱정도 했다만
둥근 수박은 더 달게 여물어갔다
복물진 날들이 지나고
꾀꾀로 서늘바람이 찾아오니
가을, 그래 가을이로구나
단풍 향기가 코끝에 스치고
바지로이 변해가는 높드리를
가선 지어 바라보며
몇 번을 슴벅이고 나니
아름다운 구곡이 담긴
담채淡彩 한 폭이 펼쳐져 있다

밤 지우기

찌륵찌륵 노래하던
귀뚜라미도 잠들었는지
고요해지고
도시의 한 가운데건만
어디선가 개랑의 소리가
졸졸졸졸 흐른다
이렇듯
번잡하던 공간이
모두 고즈넉해졌는데
나는 홀로 가려可廬하여
울음을 멈추지 못하고 있다
아, 이내 마음을
내려다보고 있는 으스름달이여
부디
그대가 지샌 달이 되기까지
고독한 나의 벗이 되어
건 밤을 함께 있어 주오

월성재 月星齋

그곳은
눈물과 눈물이 만나
도리소반에 둘러앉아
끄먹거리는 연약함마저
품어주는 여백이 있고
담벼락에 기대어 울며
소소리 바람에 떨어도
끝내 뿌리를 내리고
꼿꼿이 얼굴을 들어 올려
달돋이 하며 기뻐하는
들마꽃이 대견하여
낭랑하게 웃어주는 풍경소리가
하룻밤뿐인 객客에게도
은하수가 되어 기억될
그리운 옛살비의 품이어라

신기루蜃氣樓

하늘도 푸르게 높고
보랏빛 작은 꽃들이
산들바람에 한들거리고
다붓하게 서로 바라보는
사람들의 얼굴은
모두 다휜인 냥 밝았네라
천사의 노랫소리가
어두운 환청이었고
올름한 눈으로 바라본
아름다운 정경들이
한낱 환영에 지나지 않음을
뼛속까지 처절하게
깨달았을지라도
노래하자 노래하자
가난하고 갈하여
위태로운 땅끝에서
비틀거리고 있는
이 한 많은 삶을
기쁨으로 노래하자
그리하여
목마른 거친 빈터가
우렁차게 울게 하자

외로운 사랑

겨울 문턱 앞에 선
아둔한 내가
희미하게 알게 된 진실
깊은 밤 내리는
빗줄기와 함께
가난한 집 작은 창에
얼먹얼먹하게 흘러내리는
낡은 외등 빛에게
정오의 꼭대기에서
찬란하게 빛나고 있는
태양의 윤슬보다
결코 하찮치 않다고
따뜻하게 웃어줄
그런 사랑
너무 밝아
어둡고 낮은 곳으로만
비밀스럽게 흐르는
고독한 한 줄기 빛
아픔으로만
끝없이 빛날 수 있는
오직 그것이다

인내 忍耐

거친 땅 위에서
눈물을 견디고
고통을 견디고
그리움을 견디고
외로움을 견디고
열기를 견디고
한기를 견디고
치욕을 견디고
시절을 견디고
절망을 견디고
흐르고 궂은 하늘에
무지개라도 떠 있다는 듯
고개 들어 또다시 웃으며
그렇게 시나브로
은하수가 되어간다

삶 그림

어디에서 날아온 숨일까
어떻게 만나서 꽃피운
가지들이 되었을까
언 땅에 처음 뿌리 내리던 날
깨어진 작은 씨앗은
어떤 꿈을 꾸었을지
알 수 없지만
이름 모를 대지 위에
생명은
푸르게도 이어지고
풀 한 포기 없는 사막에도
숨겨진 비밀한 샘은 있었으니
한 방울의 단물도
둥근 보름달처럼
충만함으로 기뻐하리라

조이 송수이 [제2시집]
愛別離苦

인쇄 : 2025년 7월 25일
발행 : 2025년 7월 28일

지은이 : 조이 송 수 이
펴낸이 : 김영찬
펴낸곳 : 도서출판 부산문학
발행처 : 도서출판 한국인
주소 : 부산광역시 동구 중앙대로 308번길 7-3
전화 : 051-929-7131, 010-3593-7131
전자우편 : sahachan@naver.com
출판등록 : 제2014-000004호

ISBN 979-11-92829-52-4(03810)
정가 12,000원

 ⓒ 송수이 2025, Printed in Korea.
이 책은 저작권법에 따라 보호 받는 저작물이므로 무단전재와 무단복제를 금지하며,
이 책 내용의 전부 또는 일부를 이용하려면 반드시 저작권자인 저자와
도서출판 한국인의 서면 동의를 받아야 합니다.
파본이나 잘못된 책은 구입처에서 교환해 드립니다.

※ 본 시집은 한국예술인복지재단의 2025년 일반 예술활동준비금
   (구, 창작준비금)으로 인쇄제작 되었습니다.